Komm rein, es ist noch Platz im Arsch

Das Jahrhundert der Arschkriecher, Speichellecker und Wasserträger

von D.E.R. Stichler

Komm rein, es ist noch Platz im Arsch!

Das Jahrhundert der Arschkriecher, Speichellecker und Wasserträger

Eine satirische Betrachtung der gesellschaftlichen Fehlentwicklung

von D.E.R. Stichler

DeBehr

ISBN: 9783941758186

Herausgeber: DeBehr Verlag Radeberg

Erstauflage: 2009

Ein Kriecher am Arsch der Chefin!

Inhaltsverzeichnis

Vorwort

Noch nie zuvor schien sich Arschkriecherei so derartig auszuzahlen wie zu Beginn des 21. Jahrhunderts. Sicherlich ist uns dieses schleimige Phänomen schon in früherer Zeit begegnet und dürfte beinahe so alt sein wie das älteste Gewerbe der Welt, die Prostitution. Kurz gesagt ist es wohl mindestens so lange „in“, seit es den zivilisierten Menschen gibt, welcher für Speichelleckereien zugänglich ist und dieses in gewisser Weise fördert, so schmutzig diese schmierige Praxis auch sein mag. Ja, nicht einmal das Huren- und Nuttengewerbe ist so niederträchtig wie das des Arschkriechers, wobei es völlig unerheblich sein dürfte, in welchem Arsch der Kriecher gerade steckt. So trägt die Nutte, mag sie noch so asozial und primitiv erscheinen, doch ein gewisses Risiko für Leib und Leben, zumal einem Killer nicht unbedingt anzusehen ist, ob er entsprechend kriminelle Energie in sich trägt oder nicht. Und gerade auf Grund eines derartigen Risikos hat besonders die Gossenhure, in welchem schäbigen Bordell sie auch immer ihre Arschbacken vermarktet, mehr Ehre im Leib, als der Schleimer in unserer Zeit.

Pfui Teufel !!!

Kapitel 1: Richtig Arschkriechen

Der Weg zum Erfolg führt im Zweifel immer durch den Arsch eines Chefs, selbst wenn dieser durch Radfahrerei zu Amt und Würden gelangte. Besonders willensschwache und charakterlose Firmeninhaber oder Abteilungsleiter sind zugänglich für verlogene Anbiederung und schleimige Komplimente.

Loben Sie bei jeder sich bietenden Gelegenheit das Aussehen ihres Chefs, die Zartheit seiner Haut, die Fülle seines Haars, die Sinnlichkeit seiner Lippen, selbst wenn er der personifizierte Kotzbrocken der Region ist.

Sollte sich die Gelegenheit ergeben, neben ihm am Pissbecken zu stehen, so versäumen Sie nicht, sich positiv über das überdimensionale Format seines Prügels zu äußern, und zwar so, dass es Dritten zur Kenntnis gelangt.

Mit kleinen Aufmerksamkeiten (Blümchen aus dem Garten der Tante, selbstgebackenen Pfannenkuchen der Ehefrau), alles zur richtigen Zeit und am richtigen Ort platziert, sichern Ihnen die Zuneigung Ihres Vorgesetzten.

Zeigen Sie sich bei Konferenzen maßlos beeindruckt von der Schärfe seiner Argumentation, auch von seiner alles überragenden Intelligenz, und unterstützen Sie seine Meinung

mit hysterischen Beifallsbekundungen, selbst wenn sie noch so schwachsinnig und daneben erscheint.
Sollten Sie jedoch nicht der Typ ihres Chefs sein, dann sorgen Sie für Zoff im Puff, wenn Sie ihn dort beim Rumhuren erwischen. Und setzen Sie den Mistkerl damit unter Druck.

Kapitel 2: Fabrikation der Arschkriecher

Arschkriecher werden nicht unbedingt als solche geboren, meist jedoch zeigt die Erziehung fruchtbare Ergebnisse.
Diese beginnt bereits in früher Jugend.
Der Vater ist Mitglied eines Ortsverbandes und die Mutter ist im Kirchenchor und dem Elternbeirat. Da ist der Weg des Speichelleckers bereits vorprogrammiert, es sei denn, er verfügt über ein urgewaltiges Rückgrat und Willensstärke.
Auch Vorgesetzte, was für Nulpen auch immer, schaffen die Voraussetzungen. Fast alle haben sie Angst um ihren Job und die Privilegien. Also umgeben sie sich oft nur mit menschlichen Flaschen, die ihnen nicht gefährlich werden können und fördern aktive Arschkriecher.
"Eine Flasche zieht die andere nach sich!" So wird sein

Nachfolger wie sein Vorgänger. Arschgesichter und Namen ändern sich, hauseigene Rezepte weniger, besonders die, welche von Erfolg gekrönt sind, ebenso, wie aus einem Halunken ein rechtschaffener, überzeugter Christ wird, der sich selbst der Nächste ist.

Aber gehen wir etwas weiter auf die Fabrikation bzw. die Förderung besagter Schleimer bzw. Speichellecker und Kriecher ein.

Hier ein Beispiel. Da haben wir den Abteilungsleiter Schmiermann, welcher seinen fetten Arsch im Büro des Fuhrunternehmens eines Konzerns, welcher bundesweit tätig ist, breit drückt.

Das Unternehmen, in welchem Schmiermann den Sessel quält, besteht aus 30 Fahrern und 25 Fahrzeugen, wobei die Mannschaft aus bunt zusammen gewürfelten Gestalten aus aller Herren Ländern besteht.

Schmiermann selbst, ein mutmaßlich ehemaliger drittklassiger IM (inoffizieller Mitarbeiter der Staatssicherheit der DDR), der sich selbst auf die schleimigste, niederträchtigste Art und Weise durch die Hintertür vom Reinigungsdienst der Firma (Toiletten säubern, Hof und Werkstatt reinigen) ins Büro geschlichen hatte, indem selbstverständlich unzählige Seelen gemeuchelt und verkauft wurden, kennt sich aus in der Branche. Ihm macht so schnell keiner etwas nach, er hat das gute Gefühl, dass er nützlich ist, verwickelt er doch andere schroff in Zwist!

Böse Zungen behaupten sogar, Schmiermann habe auf dem Weg seiner Karriere kriminelle Sachen getätigt, um seinen Bossen gegenüber Loyalität zu beweisen.

Kurzum, Schmiermann hat von der Tätigkeit eines Abteilungsleiters im Speditionsbetrieb nicht die leiseste Ahnung, da er keinerlei Beruf erlernt hat. Nun sitzt er im Ledersessel des Büros und zählt die Fliegen. Auf seinem Schreibtisch ein Chaos von Dienstanweisungen, Lieferscheinen, Brotkrümeln und vertrockneten Wurstzipfeln. In den Schubladen des Schreibtisches befinden sich Sexmagazine, zumeist mit jungen, nackten Männern, bestückt mit großem Penis.

Von Ordnung keine Spur!

Nun zu dem Fuhrpark, welcher Schmiermann nebst Fahrern unterstellt ist. Um seine Position zu sichern, beschäftigt sich der athletische Schmiermann zunächst einmal damit, herauszufinden, welcher Mitarbeiter der Belegschaft dazu bereit ist, seinen eigenen Bruder oder die Schwester, ja selbst die eigene Mutter zu verraten und zu verkaufen, um bessere Privilegien zu erhalten.

Wie auch in der Ex-DDR, in der er etliche Leute über die Klinge rasseln ließ, wird er schnell fündig! Fündig in der Person eines Franzosen namens Ari Vernon und zweier Deutscher namens Strongman und Gimpelmaier! Diese drei erhalten von Schmiermann die besten Fahrzeuge, verbunden mit den besten Tagestouren, versteht sich!

Strongman, wegen Drogenhandels schon mehrfach eingebuchtet, teilt sich seine Tour ein, wie er lustig ist und berichtet mindestens drei Mal täglich, wo er Kollegen beim Kaffeetrinken sah. Sieht er keine, so werden Geschichten erfunden, um Kollegen zu verunglimpfen. Gimpelmaier, Radfahrer und Simulant ersten Ranges, ist noch ein größeres Schwein als Strongman.

Denn wie sonst ist es zu erklären, dass dieser 7 - 8 Mal im Jahr jeweils zwei Wochen krank feiern kann, ohne Konsequenzen zu fürchten. Zu guter Letzt Vernon, welcher sich nachts an den Fahrzeugen seiner Kollegen zu schaffen macht, um dort Transportsicherungen zu lösen, um seine Arbeitskollegen in die Pfanne zu hauen und sie der Gefahr eines Verkehrsunfalls auszusetzen. Alles in allem eine eingeschworene feine Gesellschaft.

Genau diese schart Schmiermann ganz dicht um sich herum, darf er sich deren Loyalität doch sicher sein!

Wie er es bei der Firma “Horch und Guck” gelernt hatte, setzt er dieses Wissen jetzt im Westen um. Wenn auch das Denunziantentum im Osten meist mit Knast endete (Bautzen, Torgau, Hohenschönhausen), so fördert doch das schmutzige Handwerk des Schreibtischtäters Schmiermann einige verhaltensbedingte Kündigungen zutage.

Die fehlenden fest eingestellten Mitarbeiter werden dann durch 1-Euro-Jobber und mies bezahlte Leiharbeiter ersetzt.

Soviel zum Thema!

Kapitel 3: Ost- und Westdenunzianten

Nun, welche Sorte zählt hier zu den schlimmeren Volksverrätern und Existenzvernichtern? Im heutigen Volksmund heißt es, dass es wohl die Ossis sind, die mit unrealistischen Vorstellungen vom Leben den Westen zu erobern suchen. Aber wohl gemerkt, wir müssen hier unter den so genannten Ossis (EX-DDR-Bürger) ganz klar unterscheiden und zwar in vier Varianten!

Variante 1: Das waren, bzw. sind diese, so sieht es zumindest der Autor, welche mit dem Fall der Mauer ihre Heimat verließen, ja gerade fluchtartig Frau und Kinder sitzen ließen, um sich mit unbekanntem Ziel ihrer Verpflichtungen zu entziehen hofften. Oft waren es sogar Mann und Frau, die ihre Kinder auf diese Art zu entsorgen gedachten, vom Staatsapparat dann jedoch eines besseren belehrt, falls sich entsprechende Zeitgenossen überhaupt noch auf deutschem Boden befanden.

Und genau diese Spezies Mensch ist es, welche den Begriff des Arschkriechers wieder salonfähig macht. Denn in Betracht ihrer Schandtaten (Frau und Kinder im Stich zu lassen), es wurde seinerzeit in den Medien darüber berichtet, kann man zweifelsfrei auf den Charakter genannter Herrschaften schließen, der wie die Faust auf´s Auge zu solchen Leuten passt. Ferner haben sie dann noch die Frechheit zu behaupten, ihre Eltern kämen ohnehin aus dem Schwarzwald, als wäre die Mauer ohne Vorwarnung von einer Stunde auf die andere errichtet worden.

Variante 2: Das sind die Leute, die zunächst noch ein paar Jährchen der politischen Entwicklung der Dinge im Osten verharrten, im Laufe der Zeit jedoch erkennen mussten, doppelt

zum Narren gehalten worden zu sein.
Diese Menschen sind zum Teil erst Ende der 90er Jahre übergesiedelt, um sich bessere Arbeitsbedingungen und Verdienstmöglichkeiten zu verschaffen. Bei diesen Menschen handelt es sich um ganz normale, brave Bürger, die um ihr Wohl besorgt sind.

Variante 3: Dabei handelt es sich um Bürger der ehemaligen DDR, welche den umstrittenen Staat DDR zur Zeit seiner Existenz unter haarsträubenden Bedingungen verließen. Es war jedem klar, was er dabei riskierte, wenn er das Land illegal d.h. per Republikflucht verließ und dabei ertappt wurde!
Denken wir an Typen wie Schmiermann, welcher von sich behauptet, rein zufällig in der DDR geboren worden zu sein und dessen Eltern ja eigentlich aus dem Hegau stammten. Um sich darüber hinaus noch einen seriösen Anstrich zu geben, behauptet er ferner dreist und fern jeglichen Wahrheitsgehaltes, sich zu DDR-Zeiten die Staatsbürgerschaft per Schreiben an den Rat des Kreises selbst aberkannt zu haben und dafür in Bautzen 1 gelandet zu sein!
Dies alles, um Vertrauen zu erlangen, denn wir dürfen getrost davon ausgehen, dass Schmiermann inoffizieller Mitarbeiter der Staatssicherheit war und sein Umfeld gnadenlos an die

selbige Firma verriet. Variante 3, d.h. jenen Leuten, die unter damals widrigen Umständen der DDR den Rücken zukehrten, musste klar sein, dass es tausende Schmiermanns in der DDR gab!

Ergo konnte man sich niemandem anvertrauen, sondern war auf sich allein gestellt. Dies wiederum erforderte jedoch, einen Arsch in der Hose zu haben und nicht dort wo die meisten Menschen ihr Gesicht tragen. In diesem Zusammenhang kann getrost davon gesprochen werden, dass ein Arschkriecher eben keinen Arsch in der Hose hat und sich daher einen sucht, in den er hineinkriechen kann. Fazit: unter Variante 3 finden wir relativ wenige Kriecher!

<u>Variante 4:</u> Das sind jene, die an den Staat DDR geglaubt haben! Für diese Leute brach eine Welt zusammen, als die Mauer fiel und ein Betrieb nach dem anderen durch die Treuhand bzw. irgendwelche Spekulanten und Manager platt gemacht wurden.

Dennoch sind diese Menschen geblieben, verharrten im Angesicht des Verschacherns ihrer alten Welt. Natürlich gibt es auch unter diesen Zeitgenossen Sozialschmarotzer, die über Nacht an Petersilienallergie erkrankten, um nicht als Koch in einer Pizzeria arbeiten zu müssen. In Anbetracht von Billigbier

und einer warmen Sozialbude sind auch diese Menschen noch relativ freundlich und überfallen im Extremfall höchstens mal einen Zeitungskiosk, um ihr tägliches Dasein zu fristen.
Soweit so gut, und insofern wissen wir jetzt, dass es sich bei Arschkriecher Ost nur um Variante 1 handeln kann, d.h. solche Denunzianten, die in der Ex-DDR schon nichts getaugt haben und denen in ihrer alten Heimat keiner eine Träne nachweint, da sie aller Wahrscheinlichkeit nach nicht mal eine Träne wert sind.

Kommen wir nun zu den Westdenunzianten. Diese unterscheiden sich rein äußerlich allenfalls durch die Mundart und eventuell gewissen Essgewohnheiten, ansonsten benötigen auch sie keine Vaseline, um demjenigen in den Arsch zu kriechen, von dem sie sich einen Vorteil erhoffen. Kurz gesagt existiert der Ost- sowie der Westdenunziant in den meisten aller Fälle eigentlich nur in den Köpfen der Masse, da es sich in beiden Fällen um Germanen handelt. Außerdem spielt es nur eine untergeordnete Rolle, ob der Schleimer nun aus dem Vogtland, dem bayrischen Wald oder aus dem Saarland stammt, Volksschädlinge und Radfahrer sind es allemal!

Kapitel 4: Das Auftreten der Arschkriecher

Da gibt es zumindest zwei Sorten ihrer Spezies, es mag ohnehin verwundern, dass selbst die schäbigste ihrer Art noch ihr Publikum findet, um dieses dazu zu bewegen, ihnen überhaupt zuzuhören. Da haben wir Radfahrer Kümmelhuber, er stinkt aus seinem ungewaschenen Maul, schlimmer als eine Forelle, welche 4 Wochen nicht aus der Vesperdose genommen wurde.

Seine ungepflegten Schmalzlocken kleben an seinen Backen, als wären sie mit Tapetenkleister eingerieben worden. Der Fettgehalt daraus reicht locker, um eine rostige Fahrradkette geschmeidig zu machen. Was das Gebiss angeht, so kann ohnehin nur von einem Mülleimer gesprochen werden.

Die Klamotten, die er an hat, werden in der Regel monatelang nicht gewechselt, inklusive der Unterwäsche, wo selbst Persil keine Chance mehr hat. Was seine Figur angeht, so ist es nicht selten schwer, Ober- und Unterarme voneinander zu unterscheiden, da sich dieser Typ Mensch oft von Pommes, Chips und Hamburgern ernährt und auch ansonsten immense Mengen an Süßwaren vertilgt, um auf Grund des verstärkten Zuckerhaushaltes überhaupt noch mit seinem schlechten Gewissen fertig zu werden, vorausgesetzt er besitzt überhaupt ein solches.

Da gibt es aber auch den smart im Anzug und Schlabberlatz auftretenden Managertypen, dessen Weg zum Erfolg durch den Arsch seines Doktorvaters führte.

Nach außen hin nicht auf den ersten Blick zu durchschauen, sind sie nicht weniger mit Vorsicht zu genießen wie ihre übel riechenden bzw. stinkenden Gesinnungsgenossen. Eines haben sie doch gemeinsam: Sie schaden Volk und Firma durch Faulheit und ihr blödsinniges Gewäsch (Radfahrerei) in dem sie alles verkaufen, was annähernd eine Seele besitzt, selbst wenn es sich um nahe stehende Verwandte handelt.

Und eben jenes charakterlose Anbiedern, welches keineswegs mit Willensschwäche zu verwechseln ist, scheint es zu sein, welches dem Schleimbeutel den Weg zur Karriere ebnet, unabhängig von Bildung und Konfession!

Fazit: Willensschwache und korrupte Firmenbesitzer sind zugänglich für geheuchelte Treue und schmierige Aufmerksamkeiten, ungeachtet vom Schaden, den die Kotzbrocken von Mensch anrichten.

Kapitel 5: Wie schafft es der Kriecher in den Ledersessel?

Zunächst einmal scheint es damit zusammenzuhängen, dass sich jeder Chef, der seinen Weg nach oben selbst durch unzählige Arschbacken erschleimen musste, sich insgeheim einen Fußabtreter wünscht, den er für jeden Misserfolg zur Sau machen kann und dennoch von diesem am Arsch geleckt wird. Ja, er genießt es förmlich, wenn sich der Kriecher für jeden Tritt in die Magengrube unterwürfig bedankt und aus Ehrfurcht zu Kreuze kriecht.

Eine andere Sache ist die, dass Erfolg mehr Erfolg nach sich zu ziehen scheint?! Kommen wir zurück auf den 1956 geborenen Schmiermann, welcher, wie bekannt, inoffizieller Mitarbeiter der Staatssicherheit war und nicht davor zurückschreckte, seine eigenen Eltern zu denunzieren, um sich so den Weg in den "goldenen Westen" zu ebnen.

Dass seine eigenen Eltern auf einem angeblichen Fluchtversuch erschossen wurden, eine gängige Methode in der ehemaligen DDR, belastet Schmiermanns Gewissen nicht im geringsten, was darauf schließen lässt, dass er gar keines zu haben scheint! Und für 3.000,00 DM West lässt sich Schmiermann im Jahre 1980 gierig geifernd von der Stasi als Spitzel für den Westen anwerben. Erfolg ist das beste Parfüm, das den Körpergeruch von Schmiermann sogar noch zu überdecken imstande ist. Er selbst riecht auf alle Fälle nichts!

Erfolg zieht also Erfolg nach sich, selbst wenn der Teufel seine klebrigen Hände im Spiel hat. Und die Arschkriecherei, bzw. das schmierige Handwerk der Kriecherei, hatte eben an der damals innerdeutschen Grenze nicht halt gemacht, sondern diese spielend überwunden. Arschkriecherei ist leider eine gern gesehene Kunst, welche offenbar zu keinem Zeitpunkt der Rezession zum Opfer fällt, sondern ewig salonfähig bleiben wird, unabhängig davon, welcher Kotzbrocken sich ihrer bedient. Und der traurige Erfolg ist es, der den Kriecher darin unerschütterlich glauben lässt, stets das Richtige zu tun. Und wie wir wissen, kann der Glaube Berge versetzen, und wenn sie noch so stinken!!!

Und wer Grenzen und deren mörderische Systeme überwindet, der schafft es leider auch in den Ledersessel, selbst wenn er aus diesem mit der Gerte herausgeschlagen gehört.

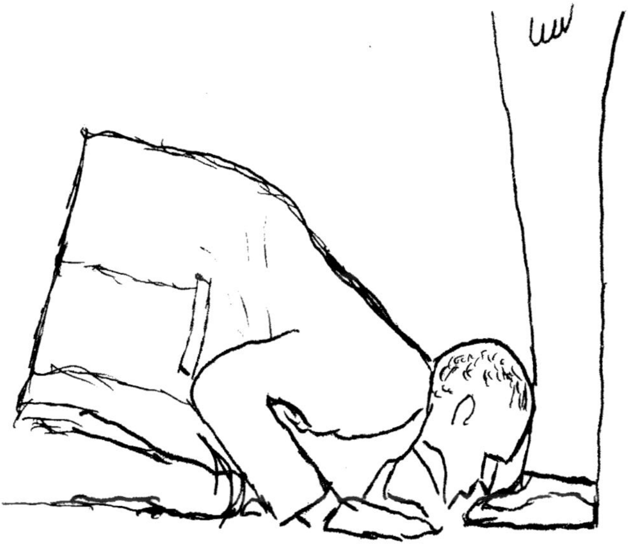

Ein kriecher auf dem weg zum Erfolg!

Kapitel 6: Das Jahr der Arschkriecher

In der chinesischen Astrologie treffen wir auf die Jahresregenten Ratte, Büffel, Tiger, Hase, Drache, Schlange, Pferd, Ziege, Affe, Hahn, Hund und Schwein!

Man könnte glauben, das Jahr der Schlange oder der Ratte formt den miesen Charakter des Volksverräters, schreibt man doch diesen Tieren in der Natur eine besondere Niedertracht zu, die nichts zu wünschen übrig lässt. Doch weit gefehlt.

Es ist der Affe, der sich seinen Weg spielerisch durch den Arsch seiner Vorgesetzten bahnt, ohne Vaseline! Er täuscht uns vor, stets für Späße zu haben zu sein und gaukelt uns vor, die ganze Welt sei ein Spielplatz. Er suggeriert uns scheinbar, dass es alles aus Spaß geschieht, wenn er uns auf die Rolle nimmt, ja dass man überhaupt nichts ernst nehmen sollte.

Wahr ist leider, dass sich der Affe bzw. die im Jahre des Affen geborenen Personen über uns lustig machen und uns den Spiegel unserer eigenen Dummheit vorhalten. Sicherlich ist es so, dass wir uns, zumindest das Massenbewusstsein, freuen, also Spaß haben, statt uns zu ärgern!

Da wird doch ein lustiger Geselle liebend gerne angenommen, täuscht er uns doch vor, Sorgen, Ängste und Nöte hätten nur die, die seine Kaspereien nicht witzig finden. Wahr ist, dass sich hinter der Maske des Affen der Joker befindet, der mit berechnendem Kalkül mit seinen ungewaschenen Füßen nach unten tretend, nach oben durch den Arsch kriechend, sein Ziel erreicht. Nichts scheint einem Boss mehr zu imponieren als ein schleimiger Speichellecker, mag er noch so nach Schweiß riechen und mag er noch so fettige Haare haben, selbst wenn seine Zähne quittengelb vom Schmant behaftet sind und die Kakerlaken rufen: “Macht das Licht aus“, wenn er die Vorhaut seines Schwanzes beim Pissen zurückzieht und sich bei der Damenwelt für den Größten hält.

Einbildung ist gleich Überzeugung, meint der Autor! Der Erfolg scheint dieser Spezies recht zu geben?! Sicher sind unter den Kriechern nicht nur Affe-Geborene, doch tauchen die Affen mit den Jahrgängen 1908, 1920, 1932, 1944, 1956, 1968, 1980, 1992 verstärkt in der Szene auf.

Kapitel 7: Das private Umfeld des Affe-Kriechers

Da haben wir z.B. Herta Schnabelquaker, geboren am 25.08.1932 in einem Dorf bei Waldshut nahe der Schweizer Grenze. Sie weiß Bescheid, diese Herta, kennt jeden und alles, zumindest mit der Schnauze! Sie teilt ihre Mitmenschen in drei Gruppen ein, die Bemitleidenswerten, über die sie sich lustig machen kann, die falschen Hunde, die nur durch Erbschleicherei zu Reichtum gekommen sein können und die, die ohnehin einen Dachschaden hätten und in die Psychiatrie gehörten!

Um ihren eigenen Mann, der zwar fleißig, gutmütig, aber nicht sehr belesen ist, das Haus abzujagen, denunziert Herta Schnabelquaker ihren Mann bei ihrem Chef! Völlig übergeschnappt sei er und würde sich wortlos in seinem Zimmer einschließen.

Sein Chef, ein vollgefressener Sesselfurzer, im Jahr der Schlange geboren, hört sich diese Aussage aufmerksam an, deckt sich diese doch mit seinem eigenen Eindruck, den er vom völlig verschlossenen Hannes Schnabelquaker hat.

Mit Hilfe einer gemeinen durchtriebenen List verschafft Sesselfurzer Böllemann seinem Arbeiter Schnabelquaker einen Termin beim Nervenarzt! Dieser Lump in Weiß, der zwei Mal durchs Examen gerasselt war und sein Studium nur mit Hilfe seines Vaters, einem angesehenen Fabrikanten, beenden konnte, bescheinigt Hannes Schnabelquaker geistig völlig verwirrt zu sein und nicht mehr am bürgerlichen Leben teilnehmen zu können. Um Chancen auf eine einigermaßen erfolgreiche Rehabilitation zu haben, sei eine Einweisung in eine psychiatrische Klinik unumgänglich.

Der Nervenarzt, vom Autor kurzerhand Quacksalber genannt, sorge für eine zeitnahe Einweisung.

Hannes Schnabelquaker mag zwar nicht sonderlich belesen sein, doch 1 + 1 vermag er dennoch zusammenzuzählen, als er auf dem Nachhauseweg über die niederschmetternde Scheindiagnose nachdenkt, die nur eines zum Ziel hat: ihn zu entmündigen!

Kurzum, Hannes entschied sich für den Freitod, seine Leiche fand man am Fuße eines Schottersteinbruchs, während seine Holde im Hause von Hannes die Hämorrhoiden quälten.

Einen traurigen Abgang, den hier ein ach so lustiger Kriecher seinem Mitmenschen beschied. Pfui Teufel, die Pest soll sie heimsuchen mit Warzen und Eiterbeulen.

Kapitel 8: Wirtschaftlicher Schaden der Kriecherei

Es dürfte allgemein bekannt sein, dass nicht immer Miss Money-Penny im Vorzimmer der obersten Chefetage die Fäden zieht, sondern oft eine Nulpe, die zwar von Buchführung, Controlling, Betriebswirtschaft und dergleichen keinen Schimmer hat, jedoch die Vorzüge kennt, welches Gleitmittel am besten geeignet erscheint, sich an den Hämorrhoiden seines Vorgesetzten vorbeizuschleichen. Tja, und wenn so eine Made erst einmal im fetten Speck sitzt, ist sie bekanntlich von dort nicht mehr so leicht zu verscheuchen! So lange der Laden einigermaßen läuft, denkt kein Boss ernsthaft über ernst zu nehmende Qualitäten seiner Untergebenen nach, es sei denn, es stünde wieder einmal eine Wirtschaftskrise an.

Dann ist ein Bauernopfer gefragt. Und hier lässt es sich leicht kotzen, wenn man genug zu fressen hat!

Holen wir uns als Beispiel wieder den Schleimkacker Schmiermann auf den Plan bzw. in die Präsentation. Dieser piesepampelige Schweinepriester, der seine Eltern eiskalt und ohne mit der Wimper zu zucken an Mielke und seine Killerbrigade verriet, sitzt nun also im vollgefurzten Lederdrehstuhl eines Machers, eines leitenden Angestellten, vielfach auch eines selbsternannten Managers.

Denn oft gab es diese Stellen zuvor überhaupt nicht. Und ein derartiger Kotzbrocken, der nicht einmal weiß, wie das Wort "Leistung" überhaupt buchstabiert wird, ist nun mit einem Mal ermächtigt über Sein und Nichtsein zu befinden. Willkürlich unterstellt er den eigentlichen Leistungsträgern und zum Erhalt des Bruttosozialprodukts beitragenden Schaffern, dass sie zu wenig leisten!

Das ist dann der Zeitpunkt, in dem Typen wie Schmiermann gegenüber der Geschäftsleitung mit getürkten Halbwahrheiten operieren, denn der Geschäftsleitung ist es oft völlig schnurz, wem von der Arbeitnehmerschaft gekündigt wird, Hauptsache der Kassensturz zeigt dadurch eine scheinbar positive Tendenz.

Oft kennen die oberen Bosse nicht einmal den Namen der Gekreuzigten, geschweige denn die Bürde seiner sozialen Verpflichtungen. Und um Kündigungen, wie wir sie in Zeiten von Scheinkrisen und anderem Spektakel á la Zumwinkel erleben, besser absegnen zu können, bedienen sich selbsternannte Scheinautoritäten gerne eines gekauften Betriebsrates, denn auch dort häufen sich die Zahlen der Speichellecker und Wasserträger.

Diese gewissenlosen Betriebsräte nun sind nicht selten in einer Doppelfunktion anzutreffen, nämlich in Vorarbeiterfunktion, als auch als Betriebsrat!

Dass hierbei ein Interessenkonflikt unausweichlich vorprogrammiert ist, dürfte noch weit untertrieben sein, vorausgesetzt, es handelt sich um einen Menschen, der seinen Arsch dort zur Schau trägt, wo er hingehört, nämlich in den Hosen!

Doch meist geraten solche Heuchler gar nicht erst in einen Interessenkonflikt, da sie sich für eine Seite entscheiden, nämlich die, die ihnen Annehmlichkeiten und andere Vorteile gewährt. Wenn ein von der Arbeit nicht freigestellter Betriebsrat drei Monate im Jahr auf internen und externen Schulungsveranstaltungen sein wohlstandsverwahrlostes Dasein fristet und sich Zeit und Ort dieser Veranstaltung sogar noch selbst heraussuchen kann, dann sprechen gewisse aufrichtige Anwälte bereits von Korruption.

Wenn dies dann noch "ohne wenn und aber" von der Geschäftsleitung abgesegnet wird, dann ist da mit an Sicherheit grenzender Wahrscheinlichkeit etwas faul!

Ganz abgesehen davon, dass diese Schulungen sündhaft teuer sind, muss ja auch der Lohn dieser charakterlosen Nichtsnutze bezahlt werden. Summa summarum sind das Gelder, die dem Wirtschaftskreislauf der Firma entzogen werden und somit an anderer Stelle fehlen.

Diesem üblen Treiben glaubt man dann insofern Rechnung

tragen zu können, indem man altgediente Mitarbeiter mit Hilfe billiger Tricks und schäbigem Vorwand ins soziale Abseits befördert und deren Stellen durch billige Leihsklaven ersetzt, denen man jederzeit einen Tritt in den Arsch versetzen kann.

Doch wie wir wissen, lässt sich nicht jeder Arbeitnehmer so einfach die Butter vom täglichen Pausenbrot nehmen und tritt, unterstützt von seinem Anwalt, den Gang zum Arbeitsgericht an.

Zumeist müssen dann Abfindungen gezahlt werden oder das Arbeitsverhältnis besteht fort. Aber wieder sind unnötig Kosten entstanden, die dem Wirtschaftkreislauf fehlen. Somit wird vom Kostenfaktor "Betriebsratskorruption" gesprochen, der in keinem Betriebsabrechnungsbogen auftaucht, da es sich nicht um eine autonom selbständig arbeitende Gruppe handelt, sondern um eine arschkriechende Schweinebande, die immer an ihren eigenen Vorteil denkt, und sei es nur einem dem Finanzamt vorenthaltener geldwerter Vorteil in Form eines Firmenfahrzeugs, das nebenher auch für den Bau des Eigenheims dient.

Kapitel 9: Selbsternannte Manager

Die so genannten Bundeswehrzettler (Zeitsoldaten) kennen wir alle. Diese gab es natürlich auch bei der NVA (Nationale Volksarmee der DDR)!
Dass zwischen einem Wehrpflichtigen und einem Zeitsoldaten ein enormer Unterschied besteht, dürfte den meisten bekannt sein. Begeben wir uns zur näheren Betrachtung in das Jahr 1980, wo viele von uns noch nicht einmal wussten, wie der Begriff "Wirtschaftskrise" überhaupt definiert wird.
Zu der Zeit wusste man allenfalls von einer fingierten Finanzkrise im Jahre 1929, in dem einige Finanzhaie die anderen ums Geld beschissen hatten, nun selbst beschissen wurden und vor lauter Frust über den lieben Geldverlust aus dem Hochhaus in der Wallstreet sprangen, um der Schande zu entgehen. Der Obergauner von einst musste seinen Fahrer zwar für einige Zeit entlassen und wanderte für ein paar Jährchen in den Knast, hatte dort aber sämtliche Privilegien und seine Schäfchen im Trockenen.
Die Millionen jedoch, die seinerzeit dem Wirtschaftskreislauf entzogen wurden, blieben dagegen genau so verschollen wie das Geld der heutigen Scheinkrise!

Zurück ins Jahr 1980, als die Krise von 1929 überwunden war und die Wirtschaft florierte. Ein Jahr, in dem der Autor selbst bei der Armee verweilte und das zum Teil dubiose Geschehen beobachten konnte. Was den Wehrpflichtigen anging, so grauste es dem von vornherein vor den 15 Monaten knastähnlichem Freiheitsentzug und die meisten von ihnen waren froh, die ersten 3 Monate des sinnlosen Räuber- und Pistolenspiels der Grundausbildung im nahe gelegenen Standortübungsgelände hinter sich zu haben bzw. zu bringen.
In der Zeit waren die meisten Rekruten um die 20 Jahre alt, hatten meist eine 3-jährige Berufsausbildung und 2 bis 3 Gesellenjahre hinter sich und gingen nach Verbüßung der Armeezeit auch oft wieder in den alten Betrieb.
Nun sind die Wehrpflichtigen sicher ein bunt zusammengewürfelter aus allen Regionen der Bananenrepublik, welche sicherlich unterschiedliche Interessen pflegen, jedoch eines haben sie allesamt gemeinsam: den Wunsch nach dem Ende des erzwungenen Gehorsams.
Anders bei den Zettlern (Zeitsoldaten), welche sich zwischen 4 und 8 Jahren verpflichten. Diese suchten sich den Arsch, in den sie zu kriechen gedachten schon sehr sorgfältig heraus. Wir alle, so auch der Autor, kennen den Ausruf: lieber Bettler als Zettler!

Wohlgemerkt sei an dieser Stelle betont, dass sich nicht jeder Zettler als Speichellecker verdingte und auch oft gute Offiziere bzw. Unteroffiziere aus diesen hervorgingen, welche die Armee eigentlich von der Sache her ausmachen, doch das Phänomen der Kriecherei war bei den Zettlern sehr häufig anzutreffen. Schließlich wollen die beim Bund im Gegensatz zu den W-Fünfzehnern Karriere machen!

Kapitel 10: Wie tritt es nun auf, das Zettlersyndrom?

Da steigen wir doch gleich auf nen Typen ein, der ne Wampe wie ein wandelndes Bierfass hatte. Es wird jedoch Wert auf die Feststellung gelegt, dass wir niemanden zu nahe treten wollen. Sagen wir mal so, der Kerl wog bei 1,85 m Größe ca. 190 kg und schien insofern weit davon weg, eine Hinderniswand zu überwinden, geschweige denn einen 25 km Marsch mit Sturmgepäck und G 3 (Schnellfeuer-Standardgewehr) zu überstehen.

Die meiste Zeit von den 3 Monaten Grundausbildung befand sich der Kerl im Krankenstand und ich sah ihn in dieser Zeit nur im blauen Trainingsanzug herumhumpeln. Zumeist klagte

er über geschwollene Füße und über Kreuzschmerzen und lungerte den lieben langen Tag auf den Gängen der Mannschaftsquartiere und der Stube herum. Der Typ kam irgendwo aus dem Ostallgäu und erinnerte an einen Sumo-Ringer.
Sein Name war Gustav Mollenleber und irgendwie gelang es ihm, die ersten 3 Monate Grundwehrdienst mühelos hinter sich zu bringen. Was aber auffiel, war der Umstand, dass einige Kameraden in der Zeit Ausgangssperre hatten und dies beinhaltete verstärkt die Wochenenden.
In der Zeit war dann Formalausbildung und Stubenreinigung angesagt. Offenbar war dem Spieß in der Zeit so einiges aufgefallen, was ihm sonst großzügig entgangen war. Was noch auffiel, war die Tatsache, dass Mollenleber oft auch während der Dienstzeit mit dem Privatwagen des diensthabenden Spieß unterwegs war, um für diesen allerhand private Erledigungen zu tätigen. Diesem seltsamen Treiben wollte ich auf den Grund gehen und herausfinden, wie es einem Kotzbrocken, wie Mollenleber gelingen konnte, einem gehässigen Hauptfeldwebel, der die Aufgaben eines Spießes wahrnahm, um den Finger zu wickeln und für seinen persönlichen Vorteil zu nutzen. Nun, der Spieß Otto Grützhuber mit Namen, war durch und durch Berufssoldat, der nur Befehle und

bedingungslosen Gehorsam kannte. Er war Ende 40 und ihm grauste es eigentlich nur vor seinem 53. Geburtstag, dem Tag, an dem er seinen Ruhestand antrat und der Willkür seines Hausdrachens ausgesetzt war.

Grützhuber, ein hagerer Knochen aus Oberschwaben, hatte auf dem Kasernenhof zwar eine große Schnauze und riskierte eine dicke Lippe, hatte jedoch zu Hause nichts zu melden, sondern musste vor seiner Elfriede, die an die 130 kg wog, in die Ecke kuschen, wenn er nicht eine hinter die Ohren wollte oder auch zwei, denn Elfriede schlug eine schwere Kelle.

Ergo ließ ich mich, der Autor dieses Buches, in jenen Tagen 21 Jahre alt, ebenfalls krank schreiben. Ich täuschte ein vorübergehendes Schleudertrauma vor, zu dessen Zweck ich mich während einer Übung eine Böschung herunter rollen ließ, es musste ja echt und gefährlich aussehen.

Im Übrigen konnte ich mir insofern des vorgegaukelten Mitgefühls unseres spießigen Spießes sicher sein. Ich bewohnte mit vier verschlafenen, streng katholischen Kameraden die Stube genau gegenüber von Mollenleber und hatte diesen zum Zweck meiner Observation ziemlich genau im Visier und sollte nun bald erfahren, auf welche Art und Weise sich Mollenleber Ansehen verschaffte. Mollenleber, in den Ohren wohl ebenso viel Schmalz wie auf den Haaren, war so mit sich beschäftigt, dass er gar nicht bemerkte, wenn ich die Tür öffnete, um ihn zu beobachten und so konnte ich sehen, wie er nach Schweiß riechende Socken und verschmutzte Unterhosen hinter dem Spind seiner Kameraden versteckte, um später den entsprechenden Hinweis zu geben.

Außerdem versteckte er Pornohefte unter der Matratze der Betten seiner Kameraden. Allerdings waren dies keine handelsüblichen Pornos, sondern Magazine mit ausschließlich nackten Männern, die es miteinander trieben.

Beim Anblick solcher Bilder musste es Spieß Grützhuber zwangsläufig schwindelig werden und er einem Herzinfarkt gefährlich nahe kommen. Schließlich war er im oberschwäbischen Ravensburg streng katholisch erzogen worden und ihm stets auf die Fingerchen gehauen worden, wenn er beim Onanieren von seiner Mutter, ebenfalls einer 130-kg Wuchtbrumme, ertappt wurde.

Aber dieses Mal sollte Mollenleber nicht durchkommen. Ich wartete einige Zeit ab, bis Mollenleber auf der Toilette war, um seinen vollgefressenen Mastdarm zu entleeren, als ich ins Zimmer schlich, um alle nach Käse riechenden Textilien nebst Pornos unter Mollenlebers Bett zu deponieren. Was folgte war ein Schuss in den Ofen und Mollenleber begab sich in die Rolle des Opfers, man habe ihn denunzieren wollen.

In der darauf folgenden Nacht machte Mollenleber zunächst einmal Bekanntschaft mit Herrn Nässer, welcher Herrn Mollenleber im Schlaf überraschte und ihm einen 20-Liter Eimer Wasser ins Bett kippte. Als Krönung befanden sich in dem Eimer noch ca. 10 graue Erdkröten, die Mollenleber im Gesicht herum hüpften und in seinen Schlafanzug krochen. Wie ein Irrer erwachte er aus dem Schlaf und rannte wie von Sinnen durchs Gebäude, dem Wahnsinn nahe.

Am nächsten Morgen beim Eintreten fand man dann jedoch Grützhuber mit steinerner Miene vor, mit den Worten: "Wenn diese Unsitte des Nässens nicht aufhöre, dann werde auch er zum rächenden Herr der Nässer!" Diese Drohung ging jedoch ins Leere, denn Mollenleber wurde noch des öfteren von Wasser und Erdkröten heimgesucht, bis zu dem Zeitpunkt, als er innerhalb des Standortes um Versetzung ersuchte.

Mollenleber bewarb sich dann, vielmehr wurde er zur Fahrschule abkommandiert und war fortan ständig auf Lehrgang zum Fahrlehrer. In jener Zeit, als Mollenleber vom nässenden Kasernengeist heimgesucht wurde, fand ich im übrigen noch heraus, dass er sich ganz gut mit Grützhubers Frau Elfriede verstand und während der Erledigungen im privaten Bereich des öfteren zum Kaffeeklatsch und Mittagessen eingeladen war. Die Grützhubers bewohnten nämlich ein Häuschen im Grünen, gerade mal 2 km vom Standort der Kaserne entfernt. Böse Zungen munkelten ohnehin, dass Mollenleber ein Pimperverhältnis mit Elfriede Grützhuber gehabt haben soll, worüber Grützhuber selbst über alle Maßen dankbar war, da er deshalb selbst nicht ran musste.

Elfriede
wartet auf ihren
Panteltoffelhelden!
Dies endet zuweilen
mit einer rechten
geraden!

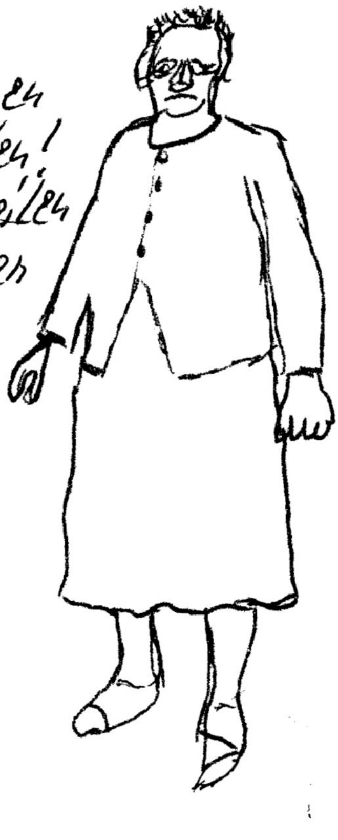

Wie auch immer, Mollenleber war es, nach etlichen gescheiterten Lehrgängen zum Fahrlehrer und auch zum Oberfeldwebel, gelungen aufzusteigen. Insofern hatte er erreicht, was er wollte, er war nun ausbildender Fahrlehrer der Bundeswehr und machte seinem Namen als piesepampliges Riesenbaby bald alle Ehre.
Nach oben kriechen, nach unten treten, das war sein erklärtes Motto!
Die Fahrschüler selbst hatten in dieser Zeit nichts zu lachen, denn nicht wenigen wurde durch Mollenleber "Unfähigkeit" bescheinigt. Darüber hinaus sah sich Mollenleber ohnehin als anerkannten Oberst, dem jedes Mittel recht war, sich auf Kosten anderer zu profilieren. Zu guter Letzt wurden ihm auch hier seine Grenzen aufgezeigt und nach unzähligen Beschwerden beim Wehrbeauftragten wurde Mollenleber, dem der Beiname "Knollenpustel" auferlegt worden war, vorzeitig aus dem Dienste des Vater Staat hinaus gewürdigt.
Doch irgendwie findet auch das blindeste Huhn immer und immer wieder ein Korn und laut dem Gesetz der Resonanz zieht eine Pfeife, die andere an! Mollenleber bewarb sich nun in einer Spedition mit an die 50 LKW plus dazugehöriger Fahrer.

Fahrlehrer würden dort zwar nicht gebraucht, aber mit Hilfe eines Bündels manipulierten Referenzen, Nadelstreifenanzug und geliehenem 500er Benz würde sich bestimmt etwas machen lassen.
Wie es der Zufall will, sitzt im Personalbüro eine gleich schwingende Trantüte, welche in anderen Firmen tonnenweise verbrannte Erde hinter sich gelassen hatte. Und diese Pfeife ebnete Mollenleber den Weg zum neuen Fuhrparkmanager, obwohl es diese Stelle zuvor zu keinem Zeitpunkt gab und welche so überflüssig ist wie Mollenleber selbst. Mollenleber tritt nun seinen Dienst an und um sich wichtig zu machen, tätigt er sein sinnloses Dasein erst einmal damit, in dem er die Kupplung einiger LKW überstrapaziert, um so etliche Streckenverläufe auszumachen und einige Kollegen beim Kaffee-Trinken zu erspähen.
Bis dahin ist Mollenleber als selbst ernannter bzw. selbst erlogener Fuhrparkmanager unbekannt, da er es nicht für nötig hält, sich als solcher zu identifizieren. Tarnen und täuschen denkt er sich, welches er nur vom Hörensagen kennt, denn ein Manöver war ihm nur vom Krankenrevier her bekannt. Ein bisschen am PC herumspielen kann er sogar auch noch, allerdings nur insofern, um die Pornoseiten im Internet abzurufen. Hierzu verpisst er sich meist in sein eilig

eingerichtetes Büro mit dem Hinweisschild “Bitte nicht stören!” Doch der lange Heinrich macht eines Tages doch gewisse Beobachtungen durchs Schlüsselloch.

Fakt ist, in seiner zweifelhaften zweijährigen Anwesenheit tätigt Mollenleber nicht einen einzigen nennenswerten Streich, der im Sinne der Firma wäre, ganz im Gegenteil: Mollenleber erhält ein eigenes Firmenfahrzeug, womit er ständig das Einsatzgebiet kontrolliert in dem der Nahverkehr der Firma operiert, um dort möglichst jemanden zu erwischen, der irgendwo herumsteht oder sogar in einer Kneipe angetroffen werden kann.

Und er hat Glück! An einem sonnigen Frühlingstag im Mai sieht er im Hinterhof des Gasthauses “Beim trällernden Wirt” einen 7,5-Tonner der Firma stehen. Dass der Fahrer dort seine Mittagspause verbringt stört Mollenleber nicht und kommt ihm auch nicht in den Sinn. Mollenleber stürmt also mit seiner Schwabbelwampe ins Lokal, stürmt auf den Fahrer zu, der gerade den Zucker im Kaffee verrührt, um ihn zur Sau zu machen, was er hier zu suchen habe und dass ihm eine Abmahnung sicher wäre.

Erst als der Wirt einschreitet, um Mollenleber zu maßregeln, läuft dieser rot an und verpisst sich so schnell, wie er gekommen war. Eine Abmahnung hagelt es dennoch mit dem

Hinweis, dass Pausen in Kneipen strengstens verboten wären.
Nun, die Abmahnung landete schneller bei Gericht, als die Tinte trocken war. Mollenleber hatte seinem sinnlos unsinnigen Dasein alle Ehre gemacht. Und zu dem Zeitpunkt, als Mollenleber durch ungerechtfertigte Kündigungen und Abmahnungen der Firma ca. 200.000,00 € Unkosten beschert, ist auch die Ära seines Gönners im Personalbüro zu Ende.
Beide müssen den Hut nehmen und Mollenleber ist seither verzweifelt auf der Suche nach einem Arsch, in den er kriechen kann, denn er weiß, nur so ist Kariere zu machen, nicht durch fachliches Können.
Es wird am Ende dieses Kapitels noch mal Wert darauf gelegt, dass nicht alle Zeitsoldaten so sein müssen wie der Kotzbrocken Mollenleber, aber der Autor weiß aus eigener Erfahrung, dass es da schon einige Fälle gab, die in der Kunst der Arschkriecherei Karriere machten.
Eine Flasche sucht die andere und ist von dieser mehr abhängig, als es nach außen hin scheint.
Auch wenn das alles äußerst fragwürdig erscheint, so halten diese Schleimbeutel doch fest zusammen, zum Schaden der Wirtschaft und zum Schaden aufrechter Arbeitnehmer!

Kapitel 11: Die Kriecher, die kurz vor der Rente stehen

Wer kennt sie nicht, die Fraktion der Beinaherentner, die
a.) glauben sich alles erlauben zu können und
b.) jedoch so tun, als hätten sie noch 20 Jahre Maloche vor sich.
Wie jedem bekannt sein dürfte kommt zu diesem Zeitpunkt, an dem das Rentenalter eintritt auch für viele das soziale Abseits, da der so genannte Vater Staat immer mehr für sich abzwackt, um sich die Taschen zu füllen, um auf Kosten der Dummen zu leben wie die Made im Speck.
Die Masse der Arbeitnehmer hat nun mal keinen stattlichen Grundbesitz vererbt bekommen und ist auf Grund dessen nicht nur gezwungen, bis zum letzten Tag des Renteneintritts zu buckeln, sondern muss hernach noch jahrelang einen Nebenjob annehmen, um ihr klägliches Dasein zu fristen.

Nicht so bei dem Deutsch-Afrikaner Paulo Mugambo, der sich aus Scham, als Halb-Afrikaner gebrandmarkt zu werden, Konrad Hugenschmidt nennt und seinen Vater, der irgendwo an der Elfenbeinküste lebt, verleugnet.
Mugambo will deutscher sein als ein Deutscher und hat in Wirklichkeit mehr Dreck am Stecken als Haare auf der Birne.

Als Einzelkind geboren, auf der einen Seite zwar verwöhnt, auf der anderen Seite jedoch von der Mutter gegängelt, wächst er in schwierigen Verhältnissen auf.
Da die Mutter auch gleichzeitig den Vater ersetzen muss, wegen der Landwirtschaft, die sie zusammen mit ihrem Bruder tätigt, jedoch unter Zeitmangel leidet, kompensiert sie fehlende Liebe und Zuneigung mit schallenden Ohrfeigen und geschwungenen Lederriemen. Auch Fußtritte gegen sein Steißbein sind ein beliebtes Erziehungsmittel seiner Frau Mama, um ihn förmlich in gutbürgerliche Bahnen zu treten.
Eine normale Kindheit bleibt Paulo Dank der Malträtierungsbereitschaft seiner Mutter trauriger Weise vorenthalten.
Alles, was Mugambo, der sich Hugenschmidt, nennt von seinem Vater weiß, erfuhr er von seinem Onkel Reinhard Hugenschmidt, dem Bruder der Mutter. Demnach soll der Vater von Konrad Hugenschmidt, also Paulo, ein Touristenjäger von der Elfenbeinküste gewesen sein, der seinen Lebensunterhalt dadurch verdiente, indem er den Besuchern seines Landes allerhand Unfug und dummes Zeug in den Rucksack quasselte, um deren Geldbörsen zu öffnen.
Bei Hugenschmidts Mutter schaffte er es außerdem, dass diese während ihres dortigen Urlaubs nicht nur ihre Geldbörse

sondern auch ihre Muschi zog.

Gerlinde Hugenschmidt, die Mutter von Konrad, war nämlich schon immer fasziniert von dem Mythos, dass die Schwarzafrikaner ein besonders großes Geschlechtsteil haben sollen.

Diesem Gerücht wollte sie offenbar auf den Grund gehen, war jedoch enttäuscht, statt 30 nur 19cm Penislänge vorzufinden. Daher wollte sie ihr Herz dann doch nicht auf ewig an Konrads Vater verschwenden. Doch die eine Nacht reichte wohl aus, um klein Konrad das Leben zu schenken! Auch später muss die Mutter in den Reihen der französischen Besatzungsarmee noch einem gewissen Phantom nachgejagt haben, blieb jedoch bis auf einige wenige Stecker-Steckdosen-Verhältnisse allein.

Bedingt durch die chaotischen Vorkommnisse in der Kindheit und Jugend von Konrad Hugenschmidt, die geprägt waren durch das gestörte Verhältnis der Mutter zu Männern, kommt es dazu, dass Konrad ein abnormes Verhältnis zu Frauen aufbaut, denen er einerseits zwar nachgeifert und sich als Spanner betätigt, die Schnauze aber nicht aufkriegt, wenn sie vor ihm stehen und mögliches Interesse bekunden.

Der Zufall will es mehr oder minder, dass es ihm im Alter von 35 Jahren auf Grund eines sogenannten Kuhhandels zwischen seiner Mutter und einem benachbarten Bauern gelingt, eine

Frau zu heiraten und dieser eine Tochter unterzujubeln, um so an deren Erbe gelangen zu können. Zur damaliger Zeit keine unübliche Praxis!

Die Ehe endet nach 10 Jahren Fiasko und Dauerstreit, und außer noch mehr Frust und Ärger kann Hugenschmidt nichts an Land ziehen. Seit diesem Tag lebt er zwar finanziell sorglos auf Grund der Hinterlassenschaft seitens der Mutter, schafft es aber nicht mehr, eine Frau über die Schwelle seiner muffigen Einsiedlerbude, geschweige denn über die Bettkante, zu zerren. Und das in dem Dorf, in dem er glaubt, der Größte zu sein!

Der Glaube allein versetzt aber nicht immer Berge, obgleich die Bibel uns etwas anderes vorgaukeln will. Privat ist Hugenschmidt jedenfalls trotz seiner großen Schnauze eher die Nulpe im Dorf und schafft es mit seinen X-Beinen und seinen zwei linken Händen gerade mal, den Rasenmäher geradeaus zu schieben, solange der Sprit im Tank reicht.

Danach grübelt er zumeist ewig, woran es liegen mag, dass die Karre keinen Zuck mehr von sich gibt!

Also bleibt ihm nur die Firma, hinter der er sich seit Jahren versteckt, über die er seine Aggressionen abzubauen sucht und über die er sich zu profilieren gedenkt. Mugambo alias Hugenschmidt malocht seit seinem Rauswurf aus einer angesehenen Spedition, in der er einer dicken Putzfrau beim

Treppenreinigen unter den Rock an den Arsch gelangt hatte, bei den städtischen Verkehrsbetrieben als Kraftfahrer. Dort fährt er im Suff in den Siebzigerjahren einen Handwerker über den Haufen.

Für den Leichenbestatter bleibt nicht mehr viel zu bestatten übrig. Zuvor hatte er auch schon etliche andere Kleintransporter bei den Stadtwerken geschrottet, konnte sich jedoch immer wieder geschickt aus der Affäre winden (andere sind schuld), zumal man es damals mit Alkoholkontrollen noch nicht so genau nahm.

Nun wird der Lappen aber erst einmal in Flensburg auf Eis gelegt, und als Hugenschmidt den selbigen nach einigen tausend Mark Strafe und etlichen Jahren Fahrverbot wieder erhält und endlich wieder ein Lenkrad mit zwanzig Tonnen daran hängend in die Hand bekommt, ist er nur noch ein gereiztes Nervenbündel, welches sich dennoch keiner Schuld bewusst ist und anderen ständig mit seinen Gehässigkeiten auf den Wecker fällt.

Zu keinem Zeitpunkt ist er im Stande, einen Auftrag allein durchzuführen, rühmt sich trotzdem ständig damit, was für ein Kerl er doch früher im Fernverkehr gewesen sei. Doch bei der ersten Umleitung kommt er ins Schleudern und findet den Nachhauseweg nicht mehr. Um Schaden zu vermeiden und um einen einigermaßen nutzbringenden Betriebsablauf zu gewährleisten, setzt man Hugenschmidt auf eine Tour, die idiotensicher scheint.

Damit er sich nicht verfahren kann, wird ihm ein Helfer zugeteilt, der sich auskennt im Ländle! Dieser Beifahrer hat es nicht leicht mit Hugenschmidt, denn neben seiner Arbeitsleistung muss er sich noch jahraus jahrein das unzufriedene Geplärre anhören und wird hinten herum von Hugenschmidt als fauler Hund diffamiert.

Jedenfalls argumentiert Hugenschmidt von früh bis spät damit, dass es sich beim Büropersonal seiner Meinung nach um unqualifiziertes Ossipersonal aus der ehemaligen DDR handle, die dort keiner haben will, weil sie faul sind und für die Stasi geschnüffelt hätten.

Jetzt würden sie wohl die Rache derer fürchten, die sie dadurch in den Knast gebracht hätten, weil sie dreckige Lügen über die Leute verbreitet hatten, um sich auf deren Kosten zu profilieren und sich in Ämter zu schleichen, wo sie nichts zu suchen hätten.

Derartiges Denunziantenpack gehöre zum Teufel gejagt, da man für diese miesen Kommunistenschweine noch mitarbeiten müsse. Bei diesem Lumpengesindel handle es sich um Barbaren ohne Kultur und Taktgefühl. In Wahrheit jedoch klammert sich Hugenschmidt wie ein Ertrinkender an einen treibenden Ast an seinen Job und fürchtet den Tag seines Renteneintritts wie der Teufel das Weihwasser.

Bei jedem Kollegen schimpft Hugenschmidt über den anderen Kollegen und über das Ossipack und verkauft schlussendlich allesamt bei dem angeblich von ihm ungeliebten Pack aus der untergegangenen DDR, die er zumeist als Ostzone oder Dunkeldeutschland bezeichnet.

Dabei sonnt er sich förmlich in seinem Triumphgefühl, denn ohne Triumph lebt Hugenschmidt quasi auf dem Treibsand seiner Gehässigkeiten. Und bei jedem von ihm getätigten Volksverrat bewirkt es bei ihm eine Art Ersatz an Stelle der sexuellen Lust, bedingt durch die Vereinigung mit einer Blondine, die zuvor in Schokolade getaucht wurde.

Ersatzbefriedigung, die ihm ein Orgasmus bescheren könnte, wenn er eintauchen könnte in die Lustgrotte einer Traumfrau. Doch dies scheint ihm vom Universum vorenthalten!

Des nachts beim Handanlegen an sich selbst, sprich gesagt beim Onanieren, überlegt Hugenschmidt bereits, wen er am Tage darauf in die Pfanne hauen kann, und kaum ist ihm ein Name und die dazugehörige Lüge eingefallen, spritzt er auch schon aufs Bettlaken, welches bereits voller eingetrockneter kalter Bauern ist.

Mit einem Waschlappen, der schon seit Wochen auf dem Nachttisch lagert und vor sich hin gammelt, wischt er sich den Samen vom Pimmel. Seine Gehässigkeiten haben ihn wieder einmal derart aufgegeilt, dass ihm die Soße derart aus dem halbsteifen Gehänge läuft, als wolle er eine dünn besiedelte Südseeinsel bevölkern.

Was für den einen das Pornoheft, ist für Hugenschmidt das Denunziantentum, welches ihm tiefste Befriedigung verschafft. Doch die Momente dieser Art von Glückseligkeit, für die manch ein Psychiater kaum noch Verständnis aufbringt, verlangen immer gemeinere Lügen und Ammenmärchen, die es über Kollegen und Nachbarn zu verbreiten gilt.

Der Tag des Renteneintritts jedenfalls rückt gnadenlos näher, und die tickende Uhr lässt sich von Hugenschmidt weder verleumden noch bestechen. In seiner grandios perversen Niedertracht fängt er nun an, Betriebsversammlungen zu bespitzeln und Bedienungen auszuhorchen und darauf zu achten, wer wie viel Bier und Korn den Hals hinunter kippt, und mit welchem Fahrzeug der jeweilige Unglücksrabe die Nachhausefahrt antritt.

Dies, um nach wenigen hundert Metern von der Polente heraus gewunken zu werden! Dass auf diese Weise bereits -zig Kollegen und Kolleginnen ihren Schein abgeben mussten, stört

Hugenschmidt nicht im Geringsten.
Genüsslich puhlt er sich stattdessen die Rotzbollen aus der Nase und schmiert sie ans Lenkrad seines alten Ford Taunus, den er gerade mit Ach und Krach durch den TÜV gequält hat.
Eine leistungsgesteigerte Form der Perversion, meint der Autor, dazu gehört sicher auch die Neigung Hugenschmidts, das Blut frisch geschlachteter Schweine zu trinken, um auf Grund des Adrenalingehalts noch gehässiger und gemeiner zu werden. Auch das Töten von Kaninchen mittels Akkuschraubers gehört bei Hugenschmidt zur Palette der perversen Gemeinheiten, um sich Befriedigung zu verschaffen.
Die ahnungslose 45jährige Mieterin in seiner versifften Bruchbude, in der es von Kakerlaken und Kellerasseln nur so wimmelt, hat er für das kommende Jahr bereits im Visier, um sich an ihr abzureagieren. Im Jahr seines Rentendaseins nämlich bleiben ihm seine Kollegen vorenthalten, die er bislang anscheißen konnte, um die eigene Seele damit zu töten und um Dämonen zu wecken, in Form von Vorgesetzten, die nach unten treten und nach oben eine Schleimspur hinterlassen.
Hugenschmidt war ein Schwein, welches die Wahrheit hasste und die Lüge liebte wie die Fliegen die Hundescheiße! Während er auf dem falschen Kurs war, befanden sich andere in der Obhut ihrer Familien, was Hugenschmidt abgrundtief

hasste, denn jede Form von Harmonie war störend und bestärkte ihn in seiner Selbsttäuschung. Hugenschmidt war das zweite Cello im Orchester der Lügen! Das sind sie, die Spießer und Radfahrer, die sich wie die Schmalzfliegen unters Volk mischen, um

a.) für ihren Vorteil anderen in den Arsch zu kriechen und

b.) ihre Gemeinheiten zu verbreiten.

Fünf bis zehn Minuten später hauen sie den in die Pfanne, in dessen Arsch sie zuvor noch bis zum Hals gesteckt haben.

Und bei ihrer Anschwärzerei kommen sie sich wichtig und toll vor, sie tun sogar so, als wäre das ihre Bürgerpflicht! Dummheit und Stolz wachsen zuweilen auf demselben Holz, muss an der Stelle ganz klar gesagt werden. Und mit der Dummheit anderer treibt eine Hand voll Schergen die Welt um. Hier meine ich, der Autor, glasklar, Speichellecker wie Hugenschmidt alias Mugambo gehören wegen Verunglimpfung anderer und ständiger Intrigen abserviert. Im Falle Hugenschmidts, der ohnehin kurz vor der Rente steht, gehört dieser im gegenseitig fingierten Einvernehmen zum Betriebsgelände hinaus begleitet, wenn möglich noch mit einem Tritt in den Arsch.

Doch an solchen Typen wird seit Jahrzehnten fest gehalten, um die tatsächlichen Schaffer ins soziale Abseits zu befördern. So niederträchtig und gemein es klingen mag, Bosse, Abteilungsleiter und sonstige unqualifizierte Sesselfurzer aus Ost oder West, die zumeist nicht einmal eine Berufsausbildung haben, sind interessiert an übelriechenden, nach Schweiß stinkenden, schleimig windigen Kriechern, wie Hugenschmidt. Von solchen Volksschädlingen erfahren sie alles Wissenswerte über den tatsächlichen Schaffer, um dann noch besser in dessen Privatleben eingreifen zu können.

So unglaublich es klingen mag, am Arschkriecher des 21. Jahrhunderts halten die Macher der Wirtschaft fest, völlig egal, wie viel Schaden der verursacht und wie viel Scheiße er baut. Ein Kotzbrocken nährt den anderen, egal, wie viele Firmenpleiten in die Wege geleitet werden, um Millionen und Milliarden in dunkle Kanäle zu schleusen. Und dieses miese Treiben ruht erst dann, wenn wir

a.) alle pleite sind oder

b.) die bürgerliche Masse aus dem Dornröschenschlaf erwacht.

Fakt ist: der Arschkriecher stellt einen wichtigen Vorposten zur Korruption dar, denn beides kommt einer Charakterschwäche gleich.

Pfui Teufel mit derartigem Gesockse,
mögen sie in die Jauchegrube verbannt werden!

Fazit und Schlusswort des Autors

Die Gefahr des Arschkriechers ist erkannt, jedoch noch lange nicht gebannt!

Und solange der Geschäftsführer einer Zweigstelle des europaweit operierenden Konzerns das Gehalt und die Annehmlichkeiten dieser überflüssigen Niedertracht nicht selbst zahlen muss, wird ihr Unwesen zum Leid anderer wohlwollend geduldet.

Leider trägt die Masse des Volkes unwissentlich maßgeblich zum Treiben dieser schäbigen Untertanen des Satans bei, da man sie unkontrolliert gewähren lässt und aus Bequemlichkeit wiederwählt, statt ihnen eine Absage zu erteilen.

Möge dieses Buch zur Aufklärung beitragen.

D.E.R. Stichler

Juli 2009

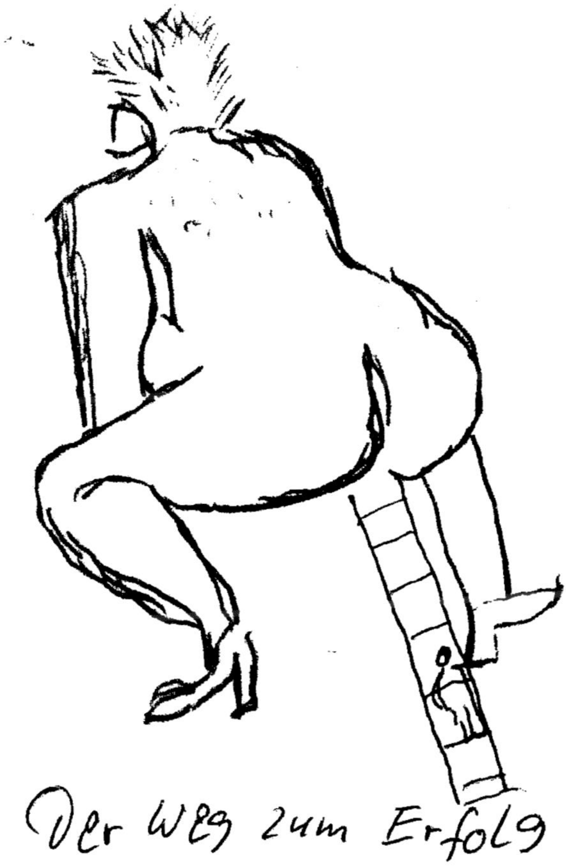

Der Weg zum Erfolg